zafer
YAYINLARI
yayın no: 222
OYNUYORUM ÖĞRENİYORUM

Genel yayın yönetmeni: Ergün Ür
Yayınevi editörü: Özkan Öze
İç düzen/kapak: Zafer Yayınları
İsbn: 978 975 261 123 8
Sertifika no: 14452

Zafer Yayınları, Zafer Yayın Grubu'nun bir kuruluşudur.
Mahmutbey Mh. Deve Kaldırımı Cd. Gelincik Sk. No:6, Bağcılar - İstanbul, Türkiye
Tel: (0 212) 446 21 00 - Faks: (0 212) 446 01 39
www.zafer.com - zafer@zafer.com
www.facebook.com/zaferyayinlari - www.twitter.com/zaferyayinlari

8. Baskı: Kasım, 2013
Baskı-cilt: Altınoluk Matbaacılık, 0 212 671 07 07

Annem ve babamla

OYNUYORUM ÖĞRENİYORUM

Okul öncesi çocuklarda el becerisini,
öz güveni, sosyalleşmeyi ve duygusal zekayı
artırıcı oyunlar

ALİ ÇANKIRILI

Resimleyen: Sevgi İçigen

zafer
YAYINLARI

içindekiler

Bölüm: 1

DUYGUSAL ZEKAYI VE SOSYALLEŞMEYİ ARTIRAN OYUNLAR

Oyun Çocuğun En Ciddi İşidir!

OYUN, çocuğun fiziksel ve ruhsal gelişiminde çok önemli bir role sahiptir. Çocuk için oyundan daha zevkli ve etkili bir öğrenme aracı yoktur. Oyun, çocuğun kas ve sinir sistemini geliştirirken aynı zamanda biriken enerjisini de boşaltarak onu rahatlatır. Koşmasına, zıplamasına, tırmanmasına, tekme ve takla atmasına izin verilmeyen dört duvar arasına sıkışmış bir apartman çocuğu birikmiş enerjisini boşaltamadığı için sinirli (nörotik) ve saldırgan, idare etmesi zor bir yapıya sahip olacaktır.

Oyun çocuğun en ciddi işidir. O sadece eğlenmek için oynamaz, gücünü ve yeteneğini dener, içinde yaşadığı çevreyi ve eşyayı keşfeder, kendisini başkalarından ayıran özelliklerin farkına varır, duygularını açığa vurur, kendisini tanımayı öğrenir.

Çeşitli biçim, boyut, renk ve maddeden oluşan oyun malzemesiyle oynayan çocuk bir eşyayı diğerinden ayıran özellikleri (ağır, hafif, uzun, kısa, büyük, küçük, sarı, kırmızı, vs.) kıyaslama yoluyla görerek öğrenir.

Çocuk oyun yoluyla içinde yaşadığı toplumun ahlak ve görgü kurallarını öğrenir. Aile ve okul çevresinde neyin doğru neyin yanlış olduğunu belli eden kuralları çocuk ancak arkadaşlarıyla birlikte oynadığı evcilik ve okulculuk oyunlarında kavrayabilir.

Kişiliğin vazgeçilmez özelliği olan bağımsızlığı oyundan daha iyi kazandıran bir araç yoktur. Oyun dünyasının lideri çocuktur, büyüklerden emir almayı sevmez, yaşıtlarından başkasının bu dünyaya girmesini istemez.

Grup oyunlarında çocukları izlerken her çocuğun davranış biçiminden ailesi hakkında bilgi edinmek mümkündür. Zira çocuğun davranışlarında aileden aldığı eğitimin payı büyüktür. Aşırı hoşgörü ve serbesti içinde yetişen, her isteği şartsız yerine getirilen bir çocuk oyunun kurallarına uymakta zorlanır. Böyle çocukların adı kısa zamanda "mızıkçı ve oyunbozan"a çıkar. Aşırı otoriter aileden gelen, dayak ve baskı ile eğitilen bir çocuk oyunda ya saldırgan davranışlar gösterir ya da silik ve pasif kalır.

Oyunlar, kuşaktan kuşağa geçen, kuralları önceden konmuş olan sosyal etkinliklerdir. Saklambaç, körebe, seksek, ip atlama ve çember gibi oyunlar hiç değişmeden tarihten günümüze kadar gelen kültür miraslarıdır. Oyunların oluşumunda kültürün, çevrenin, iklimin, yaşın ve cinsiyetin rolü büyüktür. Kızlar ip atlama, sek sek, istop, yakartop, saklambaç, seksek, evcilik, ebecilik oyunlarını tercih ederken; erkek çocukları misket, futbol, saklambaç, bisiklet, doktorculuk ve savaş oyunlarını tercih etmektedir.

Oyunda Yaş Faktörü

Oyunun şekli, kuralları ve çeşidi yaşa göre farklılıklar gösterir. İki-üç aylık süt bebeği çevresindeki insanlara bakarak, vücuduna ve yakınındaki nesnelere dokunarak ilk oyunu keşfeder. Bundan zevk alınca dokunmaları tekrarlar. Kas ve sinir sistemi geliştikçe dokunduğu objeleri ve vücudunun parçalarını yakalayarak inceler. Bir yaşındaki bebeğin oyunları daha çok dokunma, yakalama ve atma şeklindedir.

İki yaşından itibaren çocuklar günlük hayatı ve içinde yaşadığı çevrenin kültürünü yansıtan dramatik (taklit) oyunlara yönelirler. Kişileştirme (bebeğiyle konuşma), objeleri kullanma (boş bardaktan su içer gibi yapma), evcilik (anne veya baba rolü oynama), doktorculuk, bakkalcılık ve okulculuk şeklinde çeşitlilik gösteren oyunlarda çocuk sosyalleşmenin ilk adımlarını atar.

Oyun, hayal dünyası ile gerçek dünya arasında bir köprüdür. Dört-beş yaşlarındaki bir kız çocuğu bebeklerine farklı elbiseler giydirip küçük sembolik evlerini eşya ile donatırken bir anlamda annesini taklit etmekte, cinsiyetine uygun bir kişilik kazanmaktadır. Erkek çocukları da yarış ve savaş oyunları ile güçlerini denemekte, babanın rolüne sahip çıkmaktadır.

Çocuk dört yaşına kadar ben merkezci (egosantrik)

bir kişiliğe sahiptir. Paylaşmayı bilmediği için ilk oyunları tek başınadır. Elindeki oyuncağı yanındaki çocuğa vermek istemediği gibi, onun elindeki oyuncağa da sahip olmak ister. Yan yana oturan üç yaşlarında iki çocuk birlikte oynamayı beceremez. Biri öbürünün oyuncağına sahip olmaya çalışırken, öbürü de vermemek için direnir. Ağlaşır, birbirini tırmalar veya saçından çekerler. Bütün bunlar çocuğun yaşına uygun davranışlardır, anormal bir yanı yoktur.

Tek başına oynanan oyunları başka bir oyunu izleme takip eder. Bu tür oyunda, çocuk, hiçbir sözlü iletişimde bulunmadan diğer çocukların oyunlarını izler. Bazen çocuklar paralel oyunları tercih ederler. Oynadıkları materyal aynı olduğu ve yan yana oturdukları halde tek başlarına oynamayı tercih ederler.

Dört yaşından sonra çocuklar birlikte oynanan oyunlara yönelir, oyuncak alışverişinde bulunur, birbirlerinin tecrübelerinden yararlanırlar. Dört yaşından sonra birlikte oynanan oyunları işbirliğine dayanan oyunlar takip eder. İşbirliği gerektiren oyunlarda kurallar vardır, yani kurallara göre oynanır. Çocuklar, işbirliğine ve paylaşmaya dayalı kurallı oyunları en iyi anaokulunda öğrenir.

Grup oyunlarında çocuk diğerlerinden geride kalmamak ve beceriksiz duruma düşmemek için, ister istemez, bir rekabete girecektir. Ancak bu rekabet hissi, her şeye rağmen kazanmak ve üstün olmak amacı taşımamalıdır. Kazanma hırsı kamçılanan çocuk yenilgiyi kabullenemez, kendisinden üstün olanlara düşmanca duygular besler. Anne baba ve eğitimciler çocuğu grup oyunlarına alıştırırken amacın kazanmak değil, oyunu kurallarına göre oynamak ve oyun arkadaşlarıyla iyi geçinmek olduğunu anlatmalıdır. Buna rağmen oyun arkadaşları içinde anlaşacağı ve anlaşamayacağı çocuklar olacaktır. Kendi gücünde ve yeteneğinde arkadaşları olduğu gibi, kendisinden daha güçlü ve daha zayıflar da olacaktır. Bütün bu şartlarda çocuk deneyerek ve yaşayarak biriyle ilişkisini sürdürmeye veya kin ve nefret duymadan ilişkisini kesmeye kendisi karar verecektir.

Oyun Malzemelerinin ve Oyuncakların Seçimi

Çocukla oyun oynayabilmeniz ve beraberliğinizi zevkli hale getirebilmeniz için mutlaka onun fiziksel ve zihinsel seviyesine inmeniz gerekir. Dört-beş yaşına kadar çocuk hayal ile gerçeği birbirinden ayıramaz. Hayalinden geçirdiği şeyin gerçekleşeceğine inanır. Gördüğü bir rüyayı yaşamış gibi algılar. Canlı-cansız ayırımı da yapamaz. Oyuncak atı ile canlı imiş gibi konuşur, bazen okşar bazen cezalandırır.

Beş yaşına kadar biriktirdiği ve hazine gibi gizli yerlerde sakladığı nesnelere bakarsanız, çoğu işe yaramaz kırık dökük şeylerdir. Cebi sokaktan topladığı gazoz kapakları, renkli cam parçaları, çakıl taşları ile doludur. Sizin için bir kıymet ifade etmeyen, bazen çöpe atmasını söylediğiniz o şeyler, çocuğun hayal dünyasında paha biçilmez değerli parçalardır.

Çocuğun eşyaya bakış açısı ile yetişkinin bakış açısı farklıdır. Pahalı bir kristal bardak ile ucuz bir cam bardağın değeri çocuk gözünde aynıdır. Onun için masa ve sandalyeler oturmak için değil, altında sürünmek ve oyun oynamak için ideal yerlerdir. İki yaşındaki bir çocuğun yanında dikildiğiniz zaman, boyunuz ona saat kulesi kadar yüksek ve ürkütücü görünür. Eğer iletişim kurmak ve oyun oynamak istiyorsanız, yere oturup onun fiziksel seviyesine inmeniz gerekir.

Çocuğunuzla oyun oynarken daha becerikli, daha akıllı ve daha tecrübeli olduğunuzu göstermeye çalışmayın. Amacınız çocuk için oynamak değil, çocuğunuzla birlikte oynamak olmalıdır. O zaman bu beraberlikten iki taraf da zevk alacaktır. Ona oyunun nasıl oynanacağını anlatın ve gösterin. İlk denemelerde başarılı ve becerikli olması için şartlamayın ve zorlamayın.

Fabrika yapımı barbie bebeklerden, pilli oyuncaklardan ve uzaktan kumandalı arabalardan çocuk ne öğrenecektir? Kur ve seyret, hazırı tüket. Hepsi bu. Çocuk kurmalı ve uzaktan kumandalı arabanın marifetini izler, ama onunla oynayamaz. Çocuk oyuncaktan mükemmellik aramaz. Bir oyuncağı çekici kılan çocuğun hayal gücüdür. Çocuk için bir değnek parçası kurmalı arabadan çok daha değerlidir. Kimi zaman üzerine binerek at gibi koşturur. Kimi zaman tüfek gibi tutup ateş eder. Kimi zaman saz yerine kullanarak şarkı söyler. Çöpe atmayı düşündüğünüz boş karton kutular, tuvalet kâğıdı ve kâğıt havlu ruloları, renkli ambalaj kâğıtları, yapıştırıcı, makas, iplik, koli bandı ve boya kalemleri yardımıyla mükemmel oyuncaklara dönüştürülebilir.

Oyunun değeri, çocuğun hayal gücünü harekete geçirmesine, serbestçe deneme yapmasına, icat etmesine bağlıdır. Her denemeye açık, tahta veya plastikten yapılmış renkli küpler ve yap-boz malzemeler ideal oyuncaklardır. Çocuk bunlardan dilediğince oyuncak üretebilir. Yan yana, üst üste dizerek evler, arabalar, gemiler, masalar, sandalyeler yapabilir. Yaptığı şeyler çoğu kez aslına benzemez, ama onun hayalinde aslı gibidir.

Oyunda Arkadaş İhtiyacı

Çoğu anne babalar çocukla arkadaş olmaya çalışır, onun arkadaş ihtiyacını da karşılayacağını sanırlar. Çocukla ancak yaşıtı arkadaş olabilir. Onun hayal dünyasını, olaylara ve eşyaya bakış tarzını ancak yaşıtı anlayabilir. Çocuğa oyuncak yapımında ve bununla nasıl oynanacağını göstermede yardımcı olabilirsiniz, bir süre birlikte oynayabilirsiniz. Ancak ben merkezcilikten kurtulup sosyalleşmesi için arkadaşa ve arkadaşla oynamaya ihtiyacı vardır.

Sosyalleşmenin temel göstergeleri, başkalarıyla birlikte olma, onlarla iyi geçinme, paylaşma, yardımlaşma ve işbirliğidir. Buna "biz bilinci ve takım ruhu" diyoruz. Çocuk için biz bilincine ulaşmanın en sağlıklı yolu oyun ve arkadaştır. Bu sebeple, özellikle grup oyunlarında, arkadaşlarını eve çağırmasına, gerektiğinde onların evine gitmesine veya sokağa çıkmasına, hazırladığınız oyuncağı veya oyunu arkadaşlarına göstermesine ve onlarla birlikte oynamasına izin vermelisiniz. Zaten çocuğunuz bir oyuncağın nasıl yapıldığını ve onunla nasıl oynanacağını öğrendikten sonra kendi yaşıtlarına bunu göstermek ve birlikte oynamak isteyecektir.

Okul öncesi dönemde oyun ve arkadaş ihtiyacı karşılanmayan, beton evlerde, dört duvar arasında yetişen çocuklar okula uyum zağlamakta zorlanırlar. Annesinin dizi dibinden ayrılmak istemeyen, okul korkusu yaşayan, aileye bağımlı çocuklar oyuna ve arkadaşa alışık olmayan, "biz" bilincine ulaşmamış çocuklardır.

Mesleğiniz ne kadar zor, ev işleriniz ne kadar çok olursa olsun, çocuklarınıza zaman ayırmalısınız. Ayıracağınız zamanın süresi değil, kalitesi önemlidir. Ayırdığınız zaman kısa süreli de olsa, eğer birlikte geçirdiğiniz dakikalar ikiniz için de zevkli geçmiş, duygu ve sevgi alışverişinde bulunmuş, kendinizi mutlu hissetmişseniz; ayırdığınız zaman kaliteli geçmiş demektir.

Bu kitabı, çocuğunuza ayırdığınız zamanın kaliteli geçmesi için hazırladık. Umarız beğenirsiniz.

Pedagog Ali Çankırılı

Bölüm: 1

DUYGUSAL ZEKAYI VE SOSYALLEŞMEYİ ARTIRAN OYUNLAR

Müzikli Bardaklar

Gerekli Olanlar:

Sekiz adet çay bardağı

Su

Çay kaşığı

MAJÖRDEN (kalından) minöre (inceye) doğru gerekli sesleri elde etmek için çay bardaklarına sırası ile azaltarak su doldurun. Ağzına kadar dolu bardak kalın do sesini, boş bardak ince do sesini verecektir. Bunun için 8 bardak hazırlamış olmanız gerekiyor. Bardaklara kaşıkla yavaşça dokunarak çıkan melodileri çocuğunuza dinletin. Basit tonlardan başlayarak o da kendi melodisini oluştursun.

Müzik eğitiminin duygusal zekayı geliştirmede önemli bir etkisi vardır. Müzik eğitimi almış, müzikle uğraşan çocuklarda kaba davranışlara rastlayamazsınız. Bu oyunda çocuğunuzun işitme duyusunu geliştirirken aynı zamanda müzik yeteneğini de keşfetmiş olacaksınız.

Dinle ve tahmin et

Gerekli Olanlar:

Kaşıkla vurduğunuzda ses çıkaran her çeşit
küçük ev ve mutfak eşyası
Bu eşyayı alacak büyüklükte bir torba veya market poşeti.
Metal yemek kaşığı
Mendil veya eşarp

BULABİLDİĞİNİZ küçük ev ve mutfak eşyalarını torbaya doldurun. Çocuğunuzun gözlerini bir mendil veya eşarpla bağlayın. Her seferinde torbadan bir eşya çıkarıp kaşıkla vurarak ses çıkarmasını sağlayın ve çocuğunuza bu eşyanın ne olduğunu tahmin etmesini söyleyin. Bildiği her eşya için artı puan vererek oyunu zevkli hale getirebilirsiniz.

Ritim çubukları

Gerekli Olanlar:

Yarım metre boyunda, 1 cm. çapında
2 adet tahta çıta veya alüminyum boru
Tahta zımparası

MARANGOZDAN yukarıda tarif edilen boy ve çapta iki adet tahta çıta temin edin. Çocuğunuzun eline batmaması için çıtaların pürüzlerini tahta zımparası ile iyice temizleyin. Çıtaları değişik mesafelerde birbirine vurarak değişik tonda sesler elde edin ve çocuğunuza bu sesleri dinletin. Çıtaları çocuğunuza vererek aynı sesleri çıkarmasını söyleyin.

Tahta çıtalar yerine aynı ebatta içi boş alüminyum borular da kullanabilirsiniz. Önce iki veya üç vuruşla başlayın. Sonra her seferinde vuruş sayısını artırın. Bu etkinlikte hem çocuğunuzun müzik kulağını geliştirmiş hem de dikkatini ölçmüş olacaksınız.

Şişeler ses verdi, aynı sesi bul

Gerekli Olanlar:
8 adet 150 mililitrelik boş ilaç şişesi
Kuru fasulye, mısır, nohut, fındık, bozuk para,
tespih boncuğu gibi
ses çıkaracak taneli nesneler.

BOŞ İLAÇ şişelerini kullanmadan önce içlerini iyice yıkayıp kurulayın. Her şişeye bulabildiğiniz taneli nesnelerden değişik miktarlarda koyup kapaklarını kapatın. Şişeleri sıra ile salladıkça değişik sesler verdiğini göreceksiniz. Çocuğunuzdan şişeleri sıra ile sallamasını, çıkan sesleri dinlemesini ve şişeleri çıkardıkları sese göre kalından inceye doğru sıralamasını söyleyin. Yeterli müzik bilginiz varsa ses çıkaran şişelerle dilediğiniz bir şarkıya ritim tutabilirsiniz.

Aynı malzemeyle farklı bir aktivite deneyebilirsiniz. İçinde taneli nesne bulunan şişelerden bir tane alıp sallayın ve çocuğunuza dinlemesini söyleyin. Sonra gözlerini bir mendil veya eşarpla bağlayın. Şişeleri karıştırın. Çocuğunuza şişeleri sıra ile sallayarak sesini dinlediği şişeyi bulmasını söyleyin.

Çantada ne var?

Gerekli Olanlar:

Eski bir yastık kılıfı veya market poşeti

Küçük ev eşyaları, kuru yemiş ve bakliyat taneleri, oyuncaklar, vb.

Mendil veya eşarp

BU ETKİNLİKLE çocuğunuza körlerin dünyasını anlamasını, dokunma duyusunun nasıl görme duyusunun yerine geçtiğini hissetmesini sağlamış olacaksınız.

Çocuğunuza göstermeden torbanın içine evde bulabildiğiniz her çeşit ufak nesneleri, oyuncakları, meyve ve kuruyemişleri doldurup ağzını kapatın. Çocuğun yaşına göre benzer nesneler koyarak oyunu zorlaştırabilirsiniz.

Çocuğunuza zevkli bir oyun oynayacağınızı söyleyin. Gözlerini bir mendil veya eşarpla bağlayın. Torbanın ağzını açın. Elini torbanın içine sokup bir nesne çıkarmasını söyleyin. Torbadan çıkarıp elinde tuttuğu nesneye dokunarak bunun ne olduğunu tahmin etmesini isteyin. Bildiği her nesne için artı puan vererek motive edin. Bilemediği nesne için nerede kullanıldığına ve ne işe yaradığına dair ipuçları verebilirsiniz.

Bil bakalım bu kim?

Gerekli Olanlar:

Pastalı çay daveti

Çocuğunuz ve bir grup arkadaşı

Mendil veya eşarp

ÇOCUĞUNUZA bir grup arkadaşını eve pastalı çaya davet etmesini söyleyin. Çaydan sonra güzel bir oyun oynayacağınızı söyleyin. Çocuklar arasında ayırım yapmamak için kura ile bir ebe seçin. Ebenin gözlerini bir mendil veya eşarpla bağlayın. Çocuklardan birini ebenin önüne getirin. "Bil bakalım bu kim?" deyin. Gözleri bağlı ebe ellerini önüne getirilen çocuğun yüzünde, saçlarında ve üstünde gezdirerek kim olduğunu bulmaya çalışsın. Her bildiği çocuk sayısınca artı puan alsın. Ebe olma sırası sizin çocuğunuza da gelecektir.

Eğer ebe çocukları kolayca tahmin ederse, önüne getirilen çocuğun üzerine bir çarşaf örterek oyunu zorlaştırabilirsiniz.

Bu neyin tadı?

Gerekli Olanlar:

Mutfakta bulabileceğiniz kuru yemiş, şeker, tuz, kahve, nane, peynir, zeytin, reçel, bal, yumurta, turşu, soğan, patates, limon, portakal, elma, armut, domates, salatalık gibi tadından ne olduğu tahmin edilebilen yiyecekler.

Eşarp veya mendil

ÇOCUĞUNUZA göstermeden yukarıda saydığımız yiyeceklerden birer parça alarak bir tepsiye dizdikten sonra mutfağın kapısını kapatın. Çocuğunuza birlikte zevkli bir oyun oynayacağınızı söyleyin. Mutfağın dışında gözlerini bir mendil veya eşarpla bağlayın. Elinden tutup mutfağa getirin. Tepsiye dizdiğiniz yiyeceklerden sıra ile tattırarak bunların ne olduğunu sorun. Çocuğunuz ağzına aldığı yiyeceğin tadından ne olduğunu bulmaya çalışsın.

Kokulu kavanozlar

Gerekli Olanlar:

Yeterli sayıda kapaklı küçük kavanozlar
Kahve, nane, soğan, sarımsak, karabiber, limon, portakal, elma, turşu, vb. koku veren yiyecekler
Kavanozları içine koymak için bir karton kutu

MUTFAKTAN temin edebildiğiniz kokulu maddelerden birer numune alarak ayrı ayrı gazlı beze sarıp her birini ayrı bir kavanoza koyun. Kapaklarını kapattıktan sonra kavanozları karton kutuya yerleştirin. Bütün bunları çocuğunuzun haberi olmadan yapmanız gerekir.

Hazırlığınız bittikten sonra çocuğunuza koku alma duyusunun ne olduğunu, burnumuzun koku almanın dışında ne işe yaradığını anlatın. "Burnunun ne kadar iyi koku aldığını bir oyunla denemek ister misin?" diyerek merakını uyandırın. Hiçbir çocuk oyuna "hayır" demez. Oyun çocuğun etkili öğrenme mekanizmalarından biridir. Oyunla pek çok şeyi sıkmadan öğretebilirsiniz.

Kavanozların kapağını sıra ile açarak koklamasını ve içinde ne olduğunu tahmin etmesini söyleyin. Bakalım kaç yiyeceği kokusundan tanıyabilecek. Tanımakta zorlandığı yiyecek hakkında ipuçları vererek işini kolaylaştırabilirsiniz.

Gözlerin kapalı bir resim yap

Gerekli Olanlar:

Mendil veya eşarp

Kalem

Resim kâğıdı

EŞARP veya mendille çocuğunuzun gözlerini bağlayın. Eline kalemi verin. Önüne resim kâğıdını koyun. Bir resim çizmesini isteyin; ama bunun ne resmi olduğunu size söylemesin. Resim çizme işi bittikten sonra çocuğunuzun gözlerini açın. Çizdiği resmin ne olduğunu bulmaya çalışın. Çizdiği resimle ilgisi olmayan tahminler yaparak onu neşelendirebilirsiniz. Bazen gerçekte çizdiği şeyin ne olduğunu bulmakta zorlanabilirsiniz. Çünkü çocuklar genellikle gerçek nesnelerden ziyade hayalindeki şeyleri çizerler. Eğer çizdiği şeyin ne olduğunu bulmakta zorlanırsanız, "Çizdiğin şey canlı mı cansız mı? Yenir mi yenmez mi? Bizim evde var mı?" gibi ipucu veren sorular sorarak yardım isteyebilirsiniz.

Şimdi gözleri kapalı resim yapma sırası sizde. Çocuğunuz gözlerinizi bağlasın. Aynı kâğıdın arkasına tahmin etmede zorlanacağı bir şeyin resmini çizin. Çizim işi bittikten sonra gözlerinizi açmasını söyleyin. "Bil bakalım ben neyin resmini yaptım?" diyerek çizdiğiniz şeyin ne olduğunu sorun. Bulmakta zorlanırsa ipuçları vererek işini kolaylaştırabilirsiniz.

Görme özürlüye yardım et

Gerekli Olanlar:

Baston görevi yapacak kuru bir ağaç dalı veya oklava
Eşarp veya mendil

İNSANLARIN ÇOĞU sağlıklarının kıymetini bilmezler. Görme özürlü bir insanı görür, ama kendi gözleri sağlam olduğu için şükretmezler. Koltuk değnekleriyle zor yürüyen ayakları sakat bir insanı görür, ama kendi ayakları sağlam olduğu için şükretmezler, akıl hastası bir insanı görünce verdiği akıl nimeti için Allah'a şükredeceğine o insanın hareketlerine ve sözlerine gülüp geçerler. Kimileri zihinsel özürlü bir insanı kızdırmaktan zevk alırlar. Bunlar mutsuz ve inançsız ailelerde yetişmiş, duygusal zekaları gelişmemiş, sevgiden saygıdan, şefkatten, acıma duygusundan yoksun büyümüş insanlardır.

Bu oyun, çocuğunuzun görme özürlü insanların yardımsız yollarını bulmada ve kendi işlerini görmede ne kadar zorlandıklarını anlaması, gözlerinin kıymetini bilip şükretmesi için iyi bir fırsat olacaktır.

Oyun oynayacağınız alanda aktif durumda soba ve ocak ya da kırılabilir cam eşya bulunmamasına dikkat edin. Ancak bu alan tamamen eşyasız da olmamalı ki, çocuk gözleri bağlı iken yolunu bulmadaki güçlüğü yaşayabilsin.

Çocuğunuzun gözlerini eşarpla bağlayın. Eline değneğini verin. Salonun uzak bir köşesinden başlayarak başka bir odaya, mesela oturma odasına, kadar yürüsün. Yürürken yol üzerindeki bir eşyaya, duvara veya kapıya çarpmamak için bastonuyla önünü yoklasın. Çok zorlandığı veya yolunu kaybettiği zaman "bir adım sağa, bir adım sola" gibi rehberlik yapabilirsiniz.

İsterseniz rolleri değiştirebilirsiniz. Bu sefer çocuğunuz eşarpla gözlerinizi bağlasın. Çocuğunuzun gözleri bağlı iken takip ettiği yolun tersinden başlarsanız oyun daha zevkli hale gelecektir. Yolunuzu kaybetmiş gibi davranın. Yalvaran bir sesle: "Yolumu kaybettim, gözlerim görmüyor, ne olur Allah rızası için yardım edin!"

deyin. Çocuğunuz daha önce aynı güçlüğü yaşadığı için empati yapacak, yani duygularınızı anlayacak; yetişkin birine yardım etmekten keyif alacaktır.

Aynı oyunu yemek sırasında da oynayabilirsiniz. Sofra kurulmadan önce çocuğunuzun gözlerini eşarpla bağlayın. Bir kenarda otursun. Sofra kurulduktan sonra çocuğunuzun elinden tutup sofraya oturtun. Önüne kaşık, çatal, ekmek gibi ihtiyaç duyacağı şeyleri ve yemek dolu tabağı koyun. Ellerinden tutup tabağın kenarlarına dokundurun. Çatalı, kaşığı ve ekmeği kendisi elleriyle dokunarak bulsun.

Çocuğunuz bu oyunda gözlerimizin bizim için ne kadar değerli olduğunu bizzat yaşayarak ve hissederek öğrenecektir. Oyun bittikten sonra ellerinizi kaldırıp "Allah'ım verdiğin göz nimeti için sana binlerce defa şükrediyoruz," diye dua edin; çocuğunuza da tekrarlatın. Bu duaya içtenlikle katılacaktır.

Evini bul

Gerekli Olanlar:

Çocuğunuz ve üç-dört arkadaşı

Çocuk sayısınca eşarp

Tebeşir

Uygun bir oyun alanı (tercihen bahçe)

TEBEŞİRLE uzun bir çizgi çizin. Çizgiden 5-6 metre ileride, her çocuk için (içine oturabileceği genişlikte) tebeşirle bir metre aralıkla birer daire çizin. Çocukları, ayak uçları çizgiye değecek ve dairelerin karşısına gelecek şekilde (birer metre ara ile) sıraya dizin. Çocuklara, daireleri göstererek: "Bunlar sizin evleriniz. Her çocuğun bir evi var," deyin.

Çocuklar, gözleri açık bir kereye mahsus gidip evlerinin içine otursunlar ve geri dönüp başlangıç çizgisindeki yerlerini alsınlar. Sonra çocukların gözlerini eşarpla bağlayın. "Haydi şimdi herkes yavaş adımlarla gidip evinin içine otursun!" komutunu verin. Evini tam olarak bulup içine oturan çocuk oyunu kazanır.

Bu oyunda çocukların akademik (IQ) ve duygusal (EQ) zekalarını ölçmüş olacaksınız. Akademik zekası yüksek çocuk gözleri açık yapılan deneme sırasında başlangıç çizgisinden evine kaç adımda gidildiğini sayacaktır. Eğer bu çocuğun duygusal zekası da yüksek ise, gözleri bağlı iken sağa sola sapmadan düz yürüyecek ve evini bulup tam içine oturacaktır.

Bu oyunu bir grup anaokulu çocuğuna uyguladığım sırada çocukların kendi aralarında fısıldaştıklarını gördüm. Sonucu beklemek için ne konuştuklarını sormadım. Gözleri bağlanıp evlerine gitmeleri ve içine oturmaları söylenince el ele tutuştuklarını ve yürürken adımlarını saydıklarını gördüm. Buluşlarından dolayı çocukları tebrik ettim ve sordum: "Söyleyin bakalım bu fikir kimden çıktı?" Saf bir çocuk: "Hasan'dan öğretmenim!" dedi. Tahmin etmiştim, ama doğrusunu çocuklardan duymak istemiştim. Hasan gerçekten zeki, ruh sağlığı yerinde, kendisiyle barışık, arkadaşlarıyla geçimli, sosyal bir çocuktu. Deneme sırasında evine kaç adımda gidildiğini saymış, bununla da kalmayıp, el ele tutuştukları zaman evler arasındaki mesafeyi şaşırmayacaklarını da düşünmüştü. Bencil bir çocuk değildi. Eğer bencil olsaydı, aferin almak için, buluşunu arkadaşlarıyla paylaşmazdı.

Eksik olan ne?

Gerekli Olanlar:

Oyuncaklar, küçük ev ve okul eşyaları

Eşarp veya büyük bir mendil

Küçük bir torba veya içindekini göstermeyen market poşeti.

YERE BİR ÖRTÜ SERİN. Bulabildiğiniz kadar oyuncağı, küçük ev ve okul eşyalarını örtünün üzerine dizin. Çocuğunuza örtünün üzerindeki eşyalara 2 dakika dikkatlice bakmasını söyleyin. Sonra gözlerini eşarpla bağlayın. Eşyalardan bir tanesini alıp torbaya koyun.

Çocuğunuzu eşyaların önüne oturtun. Eşyalardan bir tanesini sakladığınızı, elleriyle önündeki eşyaları yoklayarak sakladığınız bu eşyayı bulmasını söyleyin. Eğer ilk denemede kayıp eşyayı bulmakta zorlanırsa, ümitsizliğe kapılmaması için, sakladığınız eşya hakkında küçük ipuçları verebilirsiniz.

Resimde neler var?

Gerekli Olanlar:

Resimli hikâye veya masal kitabı

ÇOCUĞUNUZUN yatarken dinlemekten hoşlandığı resimli masal veya hikaye kitabından bir sayfa açın. Resme 2 dakika dikkatlice bakmasını söyleyin. Zaman dolunca kitabı önünden alıp resimde neler gördüğünü sorun. Eğer gördüğü şeyleri sayarken resimde olmayan şeyler de uydurursa fazla hayalci bir çocuğunuz var demektir. Küçük çocuklar masallara eklemeler ve çıkarmalar yapmaktan zevk alırlar. Psikoloji bilen anne babalar bu ekleme ve çıkarmalardan çocuğun ruhsal durumunu, söyleyemediği sıkıntılarını, korkularını ve isteklerini açığa çıkarabilir.

Çocuğun yaşına göre "Tavşan ne renkti? Kaç tane yavrusu vardı?" gibi sorularla oyunu zorlaştırabilirsiniz.

Hepsini hatırla

Gerekli Olanlar:

"Eksik Olan Ne?" oyununda kullandığınız oyuncaklar, küçük ev ve okul eşyaları

Kalem

Not defteri

YERE BİR ÖRTÜ SERİN. Bulabildiğiniz kadar oyuncağı, küçük ev ve okul eşyalarını örtünün üzerine dizin. Eşyaların adını sıra ile not defterine yazın. Çocuğunuza örtünün üzerindeki eşyalara 2 dakika dikkatlice bakmasını söyleyin. Zaman dolunca çocuğunuz sırtını eşyalara dönsün ve örtünün üzerinde neler gördüğünü isimleriyle saysın. Siz de not defterinden saydığı eşyanın üzerini çizin.

Aynı eşyayı tekrar ettiği zaman, "Bunu daha önce söylemiştin" diye kendisine hatırlatın. Eğer oyun uzar, çocuğunuz eşyaların hepsini hatırlayamazsa, "Hatırlayamadığın dört eşya kaldı, üç eşya kaldı" diyerek yardımcı olun. Hepsini bildiği zaman bir hediye ile ödüllendirin.

Aklımda ne var?

Gerekli Olanlar:

Çocuğunuz ve 3-4 arkadaşı

Kalem

Not defteri

KURA İLE çocuklardan birini ebe seçin. Ebenin dışında kalan çocuklar "tahminci", siz de hakem olacaksınız. Tahmincilere sıra numarası verin. Ebenin adını ve tahmincileri sıra ile not defterine yazın. Ebe odanın içinde göz gezdirdikten sonra aklından bir nesne tutsun ve gelip sizin kulağınıza bu nesnenin adını fısıldasın.

Her tahmincinin beş tahmin hakkı olsun. Birinci tahminci beş tahmin hakkını kullanarak ebenin aklından tuttuğu eşya veya nesneyi bulmaya çalışsın. Bulamadığı zaman eksi puan alarak ebe olsun. Ebe de tahmincinin yerine geçsin. Tahminciler sıra ile tahmin haklarını kullanarak oyunu devam ettirsinler. Ebenin aklında tuttuğu nesneyi bilenlere artı puan verin ve bunu not defterine işaretleyin. Oyun beş tur devam ettikten sonra en çok artı puanı alan "birinci" olsun ve bir ödül kazansın.

Bu oyun çocuklarda potansiyel halde bulunan "gizli iç duyarlılık" yeteneğinin gelişmesine yardımcı olacaktır.

Vücut diliyle konuşalım

Gerekli Olanlar:

Çocuğunuz, siz ve boş zamanınız

OYUNA başlamadan önce çocuğunuza bir oyun oynayacağınızı, bu oyunda kulakları duymayan çocukların anne ve babalarının konuşmalarını anlamak için ne kadar güçlük çektiklerini hissedeceğini söyleyerek merakını uyandırabilirsiniz. Sizin ne söylediğinizi anlaması için el ve dudak hareketlerinize çok dikkat etmesi gerektiğini hatırlatın.

İşaret parmağınızla önce kendinizi sonra çocuğunuzu göstererek, onu kucaklıyormuş gibi kollarınızı kavuşturarak ve dudaklarınızı yavaş ve abartılı bir şekilde hareket ettirerek "Ben seni çok seviyorum!" deyin. Büyük ihtimalle ne dediğinizi anlayacaktır. Sonra sesli olarak: "Sanırım ne dediğimi anladın; şimdi sen de benim yaptığım gibi vücut dilini kullanarak bana cevap ver," deyin. O da vücut diliyle ve dudak hareketleriyle sizi sevdiğini söyleyecektir.

Oyunu devam ettirebilmek için önceden hazırlık yapmanız gerektiğini hatırlatalım. Biz bir örnek verelim, isterseniz bu örneği değiştirip daha ilginç şeyler bulabilirsiniz. "Sen akşam saat kaçta yatıyorsun?" sorusunu vücut diliyle sormaya çalışalım. Önce "sen" demek için parmağınızla çocuğunuzu işaret etmeniz gerekecek. Sonra kolunuzdaki saati gösterip el ve baş işaretiyle "saat kaçta" diyecek, elinizi yastık yapıp başınıza götürecek, gözlerinizi kapatacak, yatağa yatıyormuş gibi davranacaksınız. Bu arada dudaklarınızı yavaş hareket ettirmeyi de unutmayacaksınız. Aynı hareketleri birkaç defa tekrar ettiğinizde çocuğunuz ne demek istediğinizi anlayacaktır. Sorunuzu anlayınca o da vücut diliyle akşam saat kaçta yattığını söylesin.

Oyun bittikten sonra konuşma ve duyma özürlü çocukların ve yetişkinlerin el işaretleriyle anlaştığını, her işaretin bir anlamı olduğunu, ancak bu işaretleri öğrenebilmek için okula gitmeleri gerektiğini anlatın. Çocuğunuzla birlikte özürlü çocukların eğitildiği bir okulu ziyaret edip çocuğunuzu onlarla tanıştırabilirsiniz. Ziyaret dönüşü verdiği dil ve kulak nimeti için Allah'a şükretmeyi unutmayın.

Kır çiçeklerinden ve yapraklardan koleksiyon

Gerekli Olanlar:

Kır gezisi veya ormanda piknik

KIR GEZİLERİ ve ormanda piknik çocuklarınızın Allah'ın bir sanatı olan tabiatı tanımasına ve canlılarla dostluk kurmasına imkan verecektir. Bu dostluğu kuramayan çocuklar köpek havlamasından, gök gürültüsünden, şimşek çakmasından, rüzgar uğultusundan, pencereye vuran yağmur sesinden, gecenin karanlığından korkar.

Çocuğunuzu tabiatla ne kadar erken tanıştırırsanız o kadar iyi edersiniz. Daldan dala konan kuşların ötüşü, rüzgarda sallanan yaprakların hışırtısı, otlar arasından bir kertenkelenin kıvrılarak yürüyüşü, bir arının veya kelebeğin uçarak gelip çiçeğe konması, koyunların sürü halinde otlaması, kuzuların meleyerek annelerinin arkasından koşturması, dere kenarında kurbağaların zıplayarak suya atlaması çocukların izlemeye doyamayacağı manzaralardır.

Kelebeğin arkasından koşturmak, kuşlara yem vermek, uğur böceğini eline almak, piknik yaparken yanına yaklaşan ve bir şeyler vermesi için kuyruk sallayan bir köpeğin önüne ekmek veya kemik atmak çocuğunuza zevk verecek ve duygusal zekasına katkı sağlayacaktır.

Kır gezisine veya ormanda pikniğe çıkmadan önce çocuğunuza kır çiçeği ve yaprak koleksiyonu yapmanın iyi bir fikir olacağını söyleyin. Koleksiyonun ne anlama geldiğini açıklayın. Çocuğunuzla birlikte bir kırtasiye dükkanına gidin. Biri kır çiçekleri, diğeri ağaç yaprakları için iki adet dayanıklı ve kaliteli koleksiyon defteri satın alın. Rengini çocuğunuz beğensin. Bu hazırlıklar çocuğunuzun koleksiyon merakını güçlendirecek, kır gezilerini ve orman pikniklerini zevkli hale getirecektir.

Her gittiğiniz kır gezisinde veya piknik yemeğinde çevreyi gezerken rastladığınız kır çiçeklerinden ve ağaç yapraklarından örnekler toplayın. Yanınızda götürdüğünüz koleksiyon defterlerine özenle yerleştirin. Topladığınız her çiçeğin veya yaprağını aldığınız her ağacın adını yazmayı da unutmayın. Çiçek ve yaprak iyice kuruduktan sonra defterin arasından düşmemesi için yapıştırıcı kullanabilirsiniz.

Çocuğunuz eve gelen arkadaşlarına koleksiyonunu göstermekten ve gezi sırasında gördüklerini anlatmaktan büyük bir zevk alacaktır.

Bulutlar neye benziyor?

Gerekli Olanlar:

Kır gezisi

Piknik yemeği

KIR GEZİSİNE veya piknik yapmaya çıktığınızda yemekten sonra veya yürüyüşten dönünce çocuğunuzla birlikte çimenlere sırt üstü uzanın. Birlikte gökyüzünü seyredin. Eğer hava bulutlu ise, çocuğunuza bir bulutu işaret ederek neye benzediğini sorun. Çocuklarda hayal gücü yüksek olduğu için gösterdiğiniz bulutu hiç tahmin etmediğiniz bir nesneye veya hayvana benzetebilir. Psikoloji bilen anne babalar çocuğun bu benzetmesini yorumlayarak onun gizli kalmış bir arzusunu, açıklayamadığı bir korkusunu veya bir kıskançlığını ortaya çıkarabilir.

Oğlumla bu oyunu oynadığımızda dört yaşındaydı. Gösterdiğim bulutun bir bebeğe benzediğini, annesinin de biberonla ona süt verdiğini söylemişti. Bebeğin kız mı erkek mi olduğunu sordum. "Kız," dedi. Bir psikolog için bunun anlamı çok açıktı. Oğlum iki aylık kız kardeşini kıskanıyordu.

Bulutlar ne işe yarar?

Gerekli Olanlar:

Kır gezisi

Piknik yemeği

EĞER çocuğunuz sizinle birlikte olmaktan sıkılmazsa, yukarıdaki oyunu "bulutlar ne işe yarar" oyunu ile devam ettirebilirsiniz. Bu oyunda "nesneler ve olaylar arasında sebep-sonuç ilişkisi kurma" amaçlanmaktadır.

Çocuğunuzla birlikte çimenlere uzandığınızda başını okşayabilir, şakalaşabilir veya kolunuzu başının altına koyabilirsiniz. Fiziksel temas sevgimizi ifade etme yollarından biridir. Çocuklar başlarının ve sırtlarının sevgi ile okşanmasından çok hoşlanırlar. Anne ve babasından sevgi dokunuşları alan bir çocuk, kendisine dokunmak için uzanan yabancı bir elin iyi niyetli mi yoksa kötü niyetli mi olduğunu hissedecek ve buna göre tepki verecektir.

Bulutların ne işe yaradığını sormadan önce küçük bir diyalogla Allah'a yönlendirme yapabiliriz.

– İnsanlar bulut yapabilir mi?

– Yapamaz.

– Bulutları kim yapar?

– Allah yapar.

"Bulutlar ne işe yarar?" diye sorduğunuzda, eğer daha önce anlatılmamış veya bir yerlerden duymamış ise, çocuğunuz "bilmiyorum" cevabı verebilir. O zaman bulutların yağmur taşımaya yaradığını söyleyebilirsiniz.

Bundan sonra diyalogu şöyle sürdürebilirsiniz:

– Yağmur nedir?

– Bulutlardan yere damlalar halinde inen sudur. (Vermesini beklediğimiz cevap budur. Eğer bu cevabı veya buna yakın bir cevap vermezse; ipuçları vererek doğru cevabı bulmasına yardım edebiliriz.)

– Su ne işe yarar?

– Suyu içeriz.

– Başka?

- Anneler suyla yemek yapar, bulaşık yıkar, çamaşır yıkar.

- Biraz daha düşünelim. Su olmasa banyo yapabilir miyiz?

- Yapamayız.

- Su içmeden yaşayabilir miyiz?

- Hayır, yaşayamayız.

- Hayvanlar, ağaçlar, çiçekler, bitkiler susuz yaşayabilir mi?

- Yaşayamaz.

- Yani su olmasaydı hiçbir canlı yaşayamazdı, değil mi?

- Evet.

- Ağaçlar kurur, meyve vermezdi. Elma, armut, kiraz yiyemezdik. Sebzeler kurur, domates, patates, çilek, havuç, marul olmazdı.

- Öyleyse bulutları yapan ve bulutlardan yağmur yağdıran Allah'a teşekkür etmeliyiz.

Çocukla birlikte şöyle dua edebilirsiniz: "Allah'ım yağmur yağdırdığın, bizi ve bütün canlıları susuz bırakmadığın için sana teşekkür ederiz."

Bu yiyecek bize nereden ve nasıl geliyor?

Gerekli Olanlar:

Birkaç buğday tanesi

Bir kaşık un

Bir dilim ekmek

OKUL ÖNCESİ çocuklarımıza oyunla nimetin kıymetini anlatabilir, duygusal ve zihinsel yönden nimeti israf etmeyecek bir hassasiyet kazandırabiliriz. Oyunun adı: "Bu bize nereden ve nasıl geliyor?" olsun. Oyuna temel gıdamız olduğu halde en çok israf edilen ekmekten başlayabiliriz. Oyun için, yukarıda belirttiğimiz gibi, birkaç buğday tanesi, bir kaşık un ve bir dilim ekmek gerekecektir. Aynı oyunu başka günlerde sebze ve meyve türü yiyecekler için oynayabiliriz.

Bütün aile üyeleri sofra başında toplandığı için yemek saatleri sohbet için iyi bir fırsattır. Özellikle akşam yemekleri sohbet için oldukça uygundur. Bismillah diyerek yemeğe başladıktan sonra anne veya baba (tercihen anne) çocuğa: "Yemeğini yerken benimle bir oyun oynamak ister misin?" diyerek dikkatini çeker. Oyun çocukların en sevdiği işlerden biri olduğu için kabul edecektir. Anne eline aldığı bir dilim ekmeği çocuğa göstererek: "Söyle bakalım bu ekmek bize nereden ve nasıl geliyor?" diye oyunu başlatır. Çocuğun aklına gelen ilk cevap bakkal veya fırın olacaktır. Anne: "Oraya nereden geliyor?" diyerek çocuğa yardımcı olur.

Sonra birkaç buğday tanesini gösterir. "Ekmeğin temel maddesi bu gördüğün buğday taneleridir," der ve sorar: "Buğday nereden geliyor?" Çocuğa ip uçları vererek oyunu yönlendirir ve şu sonuca varılmasını sağlar: "Buğday taneleri çiftçi tarafından toprağa ekilir. Toprak olmadan buğday taneleri filiz verip büyüyemez, başak veremez. Buğday tanesini de toprağı da yaratan Allah'tır. Çiftçinin görevi sadece buğdayı toprağa ekmektir. Ondan sonra elinden bir şey gelmez. Toprağa ekilen buğday tanesinin büyümesi için su (yağmur) gerekir, ısı ve ışık (güneş) gerekir, hava gerekir. Yağmuru, güneşi ve havayı yaratan Allah'tır. Buğday taneleri toprakla beslenerek büyür, başak verir. Bir başakta 20-30 adet buğday vardır."

"Çiftçi buğday başaklarını toplar, harmana getirir. Buğday tanelerini başaktan ayırır, çuvallara doldurur. Çuvalları değirmene götürür. Değirmende buğdaylar öğütülür, un haline getirilir. Un çuvallara doldurulur. Çuvallardaki unlar fırınlara götürülür. Fırıncı bir kazana un doldurulur. Üzerine su döker. İyice yoğurarak hamur yapar. Hamuru küçük parçalara ayırarak içinde ateş yanan fırına koyar. Fırında pişen hamurlar ekmek olur. Fırıncı pişen ekmeklerin bir kısmını raflara dizer, bir kısmını bakkala satar. Biz de gider, en yakın bakkaldan veya fırından ihtiyacımız kadar ekmek alırız.

Oyundan çıkarılacak ders : Ekmeği çöpe attığımız zaman başta buğdayı yaratan Allah'a, sonra ekmek oluncaya kadar emeği geçen çiftçiye, değirmenciye, fırıncıya ve ekmeği satın almamız için gereken parayı kazanan babamıza saygısızlık yapmış oluruz.

Küçük bir sera kurun

Gerekli Olanlar:

Boş yumurta kartonu

Yumurta kartonunu içine alacak büyüklükte karton kutu

Alüminyum folyo veya büyük bir market poşeti

Ambalaj kâğıdı

Çiçek toprağı

BOŞ YUMURTA kartonundan küçük bir sera üretebilirsiniz. Bahar yaklaşırken ziraat malzemesi satan bir dükkandan serada yetişebilen sebze ve çiçek tohumları temin edin. Yumurta kabındaki yuvaların altından fazla suyu boşaltmak için birer delik açın. Yuvaların içini saksı toprağı ile doldurun. Yuvalara sıra ile birer numara verin. Her yuvaya paketin üzerinde yazılı derinlikte bir cins çiçek veya sebze tohumu ekin. Sırasıyla her yuvaya ektiğiniz çiçeğin veya sebzenin adını not edin.

Ekim işi bitince, yuvadan taşmayacak kadar toprağa su verin. Kutunun iç tarafına market poşetini serin. Yumurta kartonunu kutunun içine yerleştirin. Kutunun üzerini ambalaj kağıdıyla kapattıktan sonra karanlık bir köşeye koyun. Tohumlar yeşermeye ve toprağın üzerinde filiz vermeye başlayınca kutuyu güneş ışığı alan bir yere çıkarın.

Çocuğunuz kendi eliyle ektiği çiçek ve sebze tohumlarının filiz verdiğini, yapraklandığını gördükçe heyecanlanacak; izlemekten zevk alacaktır. Fazla suyun filizlere zarar vereceğini bilmediği için her gün sulamaya kalkabilir. Ancak ihtiyaç olduğu zaman sulaması gerektiğini anlatmalısınız.

Filizler yuvalarına sığmayacak kadar büyüdüğü zaman götürüp bahçe toprağına ekebilirsiniz.

Balkonda kuş besleyin

Gerekli Olanlar:

Birkaç adet çam kozalağı

Kuş yemi

Reçel veya bal

Tabak

Naylon ip

ÇOCUĞUNUZUN kuş beslemesi için onu kafese kapatması gerekmez. Birlikte çam kozalaklarına sıra ile 15-20 cm uzunluğunda ip bağlayın. Kozalaklarının üzerine bal veya reçel sürün. Tabağı kuş yemi ile doldurun. Kozalakları kuş yeminin içinde yuvarlayarak üst yüzeylerinin yemle kaplanmasını sağlayın.

Balkon demirine bir köşeden bir köşeye ip gerin. Kozalakları sıra balkon demirine gerdiğiniz ipe bağlayarak aşağı sarkıtın. Kuşlar bu leziz yiyeceğin kokusunu yüzlerce metre ileriden alacak, yemek için balkona üşüşecekler, ballı yemlerin hatırına çocuğunuzun kendilerini izlemesine izin vereceklerdir.

Bir böcek çiftliği kurun

Gerekli Olanlar:

Kapaklı boş cam kavanoz

Tercihen 20x20x20 cm ebadında karton kutu

Tuvalet kâğıdı rulosu

Makas

Koli bandı

Taze ağaç yaprağı ve meyve kabukları

ÇOCUĞUNUZLA kır gezisine veya ormanda piknik yapmaya gittiğinizde cam kavanozu yanınıza alın. Akrep ve yılan gibi zehirli canlılara dikkat etmek şartı ile bulabildiğiniz kadar değişik cinste küçük böceklerden toplayarak kavanoza koyun ve kapağını kapatın.

Eve döndüğünüz zaman böcek çiftliğinizi kurmaya başlayabilirsiniz. İçini görebilmek için makasla karton kutunun üst tarafından bir pencere açın. Böcekleri karton kutuya boşaltın. Karton kutu ile cam kavanoz arasına tüp geçit yapmak için tuvalet kâğıdı rulosunu kullanacaksınız. Kutunun ön yüzüne, alt tarafa gelecek şekilde, rulonun sığacağı çapta yuvarlak bir delik açın. Ruloyu 1-2 cm içeri girecek şekilde delikten geçirin ve koli bandı ile kutuya tutturun. Cam kavanozun içine taze yaprak ve meyve kabukları koyun. Rulonun boşta kalan ucunu 1-2 cm içeri girecek şekilde cam kavanozun ağzına geçirin ve koli bandı ile sağlamlaştırın.

Karton kutudaki böcekler yiyeceklerin kokusunu alacak, tüp geçidi kullanarak cam kavanoza doğru yürüyüşe geçecekler, karınları doyduktan sonra dinlenmek üzere karton kutuya yani evlerine döneceklerdir.

Çocuğunuzun böcekleri tanıması ve onlarla dost olması için bir-iki gün yeter sanırız. Bu küçük canlıların hayatlarını devam ettirebilmeleri için tabiata yani gerçek evlerine dönmeleri gerektiğini çocuğunuza anlatın. Duygusal zekası gelişmiş bir çocuğunuz olduğu için küçük dostlarından ayrılmaya razı olacaktır. Böcekleri cam kavanoza doldurup tabiata salıverme işini çocuğunuza bırakın. "Hoşça kalın küçük misafirlerim!" diyerek onlarla vedalaşsın.

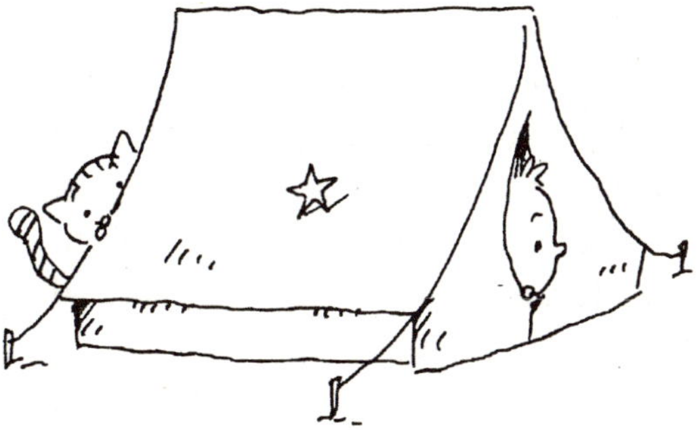

Bahçede kamp

Gerekli Olanlar:

Çadır

Uyku tulumları veya yatak yorgan

Yastıklar, kilim veya minderler

El feneri veya gemici feneri

İçinde çocuğunuzun sevdiği yiyecekler ve meyve suları bulunan piknik sepeti

TABİATLA barışık olmayan çocuklar geceleri yalnız kalmaktan korkar, anne ve babalarıyla aynı odada yatmak isterler. Anne babalarının yatak odasında ve aynı yatakta yatmaya alışan çocuklarda cinsiyet ve kişilik bozuklukları görülme riski daha yüksektir.

Kamp yapmak için uzağa gitmenize gerek yok. Bulutsuz, ay ışığının olduğu, ılık bir yaz gecesi çadırınızı evinizin bahçesine veya balkonuna kurabilirsiniz. Siz yanında olduğunuz ve elinden tuttuğunuz zaman çocuk karanlıkta yürümekten, yeni bir şey keşfediyormuşçasına zevk alacaktır. Çocuğunuzun elinden tutup bir müddet karanlıkta yürüyün. Karanlıkta korkulacak bir şey olmadığını görsün.

Yürüyüşe çıkmadan önce, yolda bir sokak köpeğine veya kedisine rastlama ihtimalini göz önünde bulundurarak, yanınıza bir parça ekmek alın. Rastladığınız köpek veya kedinin önüne atın. Size bir zararı dokunmadığını, attığınız ekmeği iştahla yediğini gören çocuk sokakta gördüğü bir köpekten ve kediden korkmayacaktır.

Kamp yerine döndükten sonra çadırınızın önünde bir müddet oturun. Gecenin sesini dinleyin. Piknik yemeğini çadırın önünde mi yoksa içinde mi yemek istediğini sorun. Yemeğinizi yedikten sonra çadırın önüne serdiğiniz minderlere veya kilime uzanarak gök yüzünü izleyin. Şarkı söyleyin. Ayın ve yıldızların havada ipsiz ve desteksiz nasıl durabildiğini, neden yere düşmediğini konuşun.

Eğer çocuğunuz tüm geceyi çadırda geçirmek istemediğini söylerse fazla ısrar etmeyin. İlk deneme için bu kadarla yetinin.

Dilsiz anlatma yarışı

Gerekli Olanlar:

Çocuğunuz ve arkadaşları

Hakem olarak siz

ÇOCUKLAR yan yana oturarak bir dizi oluştursun. Diziyi oluşturan çocukların adını bir kağıda liste halinde yazın. Çocuklardan birinin kulağına bir meslek adı fısıldayın ve öne çıkıp konuşmadan vücut diliyle (el, kol ve yüz hareketleriyle) bu mesleği vereceğiniz süre içinde (örneğin 3 dakikada) anlatmasını söyleyin. Çocuk öne çıkıp anlatmaya başladığı anda, siz hakem olarak, zaman tutun. Karşı sırada oturan çocuklardan biri, vücut diliyle anlatılan mesleği bildiği an zamanı durdurun ve bu mesleği dilsiz anlatan çocuğun adını listeden bulup karşısına ne kadar sürede anlattığını (dakikası ve saniyesi ile) yazın. En kısa sürede mesleğini anlatabilen oyuncuyu "birinci" ilan edin ve ödülünü verin.

Yarışmanın eşit şartlarda gerçekleşmesi için oyunun şeklini ve kurallarını anlatın. Çocukların kulağına fısıldayacağınız meslek isimlerinin aynı süre içinde anlatılabilen meslekler olmasına dikkat edin. Örneğin, berber ve şoför meslekleri aynı süre içinde kolay anlatılabilen mesleklerdir. İsterseniz meslek isimlerini çocuklara sorarak bir liste oluşturabilir; oyuncuların kulağına fısıldayacağınız meslekleri bu listeden seçebilirsiniz.

Bu çocuk ne olmak ister?

Gerekli Olanlar:

Siz ve çocuğunuz

Boş zamanınız

ÇOCUĞUNUZUN hayal gücünü geliştirmek, eğilim ve yeteneklerini keşfetmek için ona anlamsız gibi görünen aptalca sorular sorabilirsiniz. Alacağınız cevaplar bazen size çok şaşırtıcı gelecek; "Meğer ben çocuğumu tanımıyormuşum!" diyeceksiniz." Biz burada iki örnek vereceğiz. Siz bu örnekleri çoğaltabilirsiniz.

Örnek 1

Siz: "Bir çocuk varmış. Bu çocuk kedi mi olmak istemiş, köpek mi?"

Çocuk: "Köpek"

Siz: "Neden köpek olmak istemiş?"

Çocuk: "Çünkü, köpek daha güçlüdür, kediyi dövebilir."

Bu örneğin yorumu: Çocuk kendisine değer verilmesini, adam yerine konmasını, sorumluluk verilmesini, yapabildiği işlerde takdir edilmesini istiyor.

Örnek 2

Siz: "Bir çocuk varmış. Bu çocuk aslan mı olmak istemiş, avcı mı?"

Çocuk: "Aslan."

Siz: "Neden?"

Çocuk: "Çünkü, aslan avcıdan daha hızlı koşar, avcı da onu vuramaz."

Bu örneğin yorumu: Duygusal bir çocuk. Yönetici yeteneği var. Şiddet kullanmadan çözüm üretebiliyor.

Bölüm: 2

EL BECERİSİNİ VE ÖZ GÜVENİ ARTIRAN OYUNLAR

Uzak daha uzak

Gerekli Olanlar:

Çocuğunuzun sevdiği bir oyuncak
Mendil veya eşarp

Küçük çocuklara "mesafe" kavramını öğretmek için salonda oynanacak zevkli bir oyun. Mendil veya eşarpla çocuğunuzun gözlerini bağlayın. Sevdiği bir oyuncağı zor bulacağı bir yere sakladıktan sonra gözlerindeki bağı çözün. Sakladığınız oyuncağı (bebeği, ayıcığı, tavşanı, vb.) bulmasını söyleyin. Çocuğunuzun yaşına uygun bir süre (3-4-5 dakika) belirleyin. Bu süre içinde bulursa kendisine bir ödül vereceğinizi söyleyin. Çocuk oyuncağı sakladığınız yerden uzaklaştığı zaman "uzak" deyin. Eğer yaklaşacağına daha da uzaklaşırsa "daha uzak" deyin. Yaklaşırsa "yakın" deyin. Yaklaştıkça "daha yakın" deyin. Böylece onu hem oyuncağa yönlendirmiş hem de mesafe kavramını öğretmiş olursunuz. Belirlediğiniz süre içinde oyuncağı sakladığınız yerden bulup çıkarırsa onu tebrik edin ve ödülünü verin.

Evde basketbol

Gerekli Olanlar:

Eski çoraplar

Çamaşır sepeti

İğne ve iplik

Renkli örgü ipi

ESKİYEN, ipi kaçan ve altı yırtılan çoraplarınızı atmayın. Bunları çocuğunuzla birlikte iç içe geçirerek top şekline getirin. Açılmaması için kıvrım yerlerine dikiş atın. En az on adet top elde etmelisiniz. Çocuğunuzun yaşına göre top sayısını yirmiye kadar artırabilirsiniz. Salonda duvar dibine çamaşır sepetini koyun. Sepetin karşısında çocuğunuzun yaşına uygun bir mesafe (2-3-4 metre) belirleyin. Bu mesafeyi ölçüp renkli iple bir çizgi oluşturacak şekilde işaretleyin. Çocuğunuza renkli ipten ileriye geçmemek şartıyla elindeki topları sıra ile atarak sepetin içine koymaya çalışsın. Sepete giren toplarla dışarıda kalan topları sayın. Sepete giren top sayısı aldığı puanı gösterecektir. Belli bir puan sınırı koyarak bu sınırı geçmesi durumunda ödül verebilirsiniz. Bu oyunda çocuğunuz el-göz-mesafe koordinasyonunu ve kas kontrolünü geliştirirken aynı zamanda sayıların ne anlama geldiğini öğrenecektir.

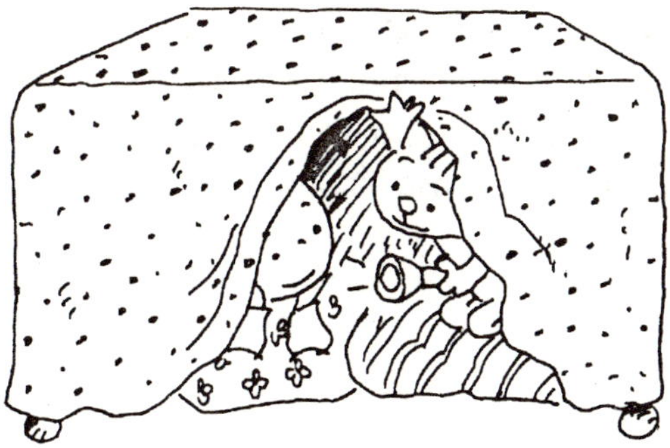

Evde çadır kampı

Gerekli Olanlar:

Çift kişilik battaniye veya yatak çarşafı

Sabit ayaklı (tercihen12 kişilik) yemek masası

El feneri

Minderler ve yastıklar

Oyuncaklar

MASANIN üstüne battaniyeyi veya çarşafı kenarları yere değecek şekilde serin. El fenerini masanın bir ayağına (tavana yakın bir yere) tutturun. Çadırın içine minderleri ve yastıkları yerleştirin. Minderlerin üzerine çocuğunuzun sevdiği birkaç oyuncak koyun. Çadırınız hazır. Çocuğunuz küçükse korkmaması için birlikte çadırın içine girin. El fenerini açarak içerisini aydınlatın. Önüne oyuncakları koyun. Çadırdan çıkın, çocuğunuzu oyuncaklarıyla baş başa bırakın.

Renklerle hareket ve hafıza testi

Gerekli Olanlar:

Siz ve çocuğunuz

Boş zamanınız

ÇOCUĞUNUZA renklerle bir hareket oyunu oynayacağınızı söyleyin. Renklerin karşılığı olan hareketleri bir kağıda yazın. Renk ve hareket sayısını çocuğun yaşına göre ayarlayın. Oyunun kurallarını ve renklerin karşılığı olan hareketleri açıklayın. Çocuğunuzla aranızda 4-5 adım mesafe bırakın. Kağıtta yazılı bir renk söyleyin.

Çocuğunuz o rengin karşılığı olan hareketi yapsın. Doğru yaptığında bir artı, yanlış yaptığında bir eksi puan verin. On veya on beş komuttan sonra artı ve eksi puanları hesaplayın. Artı puanları eksi puanları geçerse oyunu kazandığını söyleyip tebrik edin. Eğer ilk anlarda renklerin karşılığı olan hareketleri aklında tutamazsa, cesaretinin kırılmaması ve oyunu bırakmaması için tekrar okuyabilirsiniz.

Örnek

Kırmızı:	Dur
Yeşil:	İki adım yürü
Siyah:	Otur
Sarı:	Kalk
Mavi:	Sola dön
Beyaz:	Sağa dön

Oyuncakların yerini gösteren ev haritası

Gerekli Olanlar:

Küçük oyuncaklar

Kağıt

Kurşun kalem ve renkli kalemler

ÇOCUĞUNUZUN severek oynadığı oyuncaklardan bir-kaç tanesini evin değişik yerlerine saklayın. Kurşun kalemle evin odalarını gösteren bir harita çizin. Renkli kalemlerle haritada oyuncakları sakladığınız yerleri işaretleyin. Çocuğunuza haritayı kullanarak oyuncakları bulmasını söyleyin. Bu oyun vasıtasıyla yön kavramını ve harita kullanmasını öğrenmiş olacak.

Filiz veren patates

Gerekli Olanlar:
1 adet orta boy patates
Çorba kâsesi
4 adet kürdan

BU AKTİVİTENİN tamamını çocuğunuz sizin yardımınız olmadan yapabilir. Siz sadece ne yapacağını söyleyeceksiniz. Patatesi çorba kasesinin içine koysun. Patatesin üst yüzüne kürdanları aralıklı olarak 2 cm derinlikte saplasın. Kaseye, patatesin üstünü kapatacak kadar, su doldursun. Kaseyi odanın güneş gören bir yerine koysun. Birkaç gün sonra patatesin filiz vermeye başladığını, filizlerin kürdanlara dolanarak yükseldiğini görüp sevinecektir.

Yeşil saçlı bebekler

Gerekli Olanlar:

2 adet plastik piknik bardağı
Eski naylon kadın çorabı
Çim tohumu
Odun talaşı veya çiçek toprağı
Elişi makası
Renkli keçeli kalemler

BARDAKLARIN İÇİNİ odun talaşı ile doldurun. Eğer odun talaşı bulamazsanız, bunun yerine çiçek toprağı kullanabilirsiniz. Talaşın üstünü çim tohumu ile kapatın. Bardakların üzerine sıra ile kadın çorabı geçirip sıkıca bağlayın. Çocuğunuz keçe kalemleriyle kadın çorabı geçirilmiş bardaklara bebek yüzleri çizsin. Bardakların üstünden su dökerek talaşı veya toprağı sulayın. Bardakları odada ışık alan bir yere koyun. Çocuğunuzun odası ve kendisine ait bir masası varsa, masasının üzerine koyabilirsiniz. Toprağı nemli tutmak için arada bir sulamayı unutmayın. İki hafta içinde bebeklerin tepesinde yeşil saçlar çıkmaya başlayacak ve hızla büyüyecektir. Bebeklerin saçları öyle uzayacak ki, çocuğunuz eline makası alıp onları tıraş etmek zorunda kalacak ve bundan büyük zevk alacaktır.

Çocuk odasında teleferik

Gerekli Olanlar:

Meşrubat kamışı-Bant
Tuvalet kağıdı rulosu
Küçük oyuncaklar
İp-Makas
Keçeli boya kalemleri-İki sandalye

ÇOCUĞUNUZ sizin yardımınızla, odasına bir teleferik kurabilir. Meşrubat kamışını tuvalet kağıdı rulosunun üzerine bantla uzunlamasına yapıştırın. Artan ucunu makasla kesin. Çocuğunuz rulonun dış yüzünü renkli keçe kalemlerle süslesin. Kamışın içinden 2 metre uzunluğunda bir ip geçirin. İpin bir ucunu bir sandalyenin tepesine, diğer ucunu öbür sandalyenin arka ayağına, oturma yerine yakın, gergin şekilde bağlayarak yükseklik farkı oluşturun. Çocuğunuzun teleferiği hazır. Eliyle teleferiği yüksek tarafa çıkarsın. İçine küçük bir oyuncağını koyduktan sonra aşağı doğru bıraksın. Küçük oyuncaklarını teleferik yardımıyla yukarı istasyondan aşağı istasyona taşımaktan zevk alacaktır.

Boş konserve kutularından telefon

Gerekli Olanlar:

2 adet boş konserve kutusu

6-7 metre uzunluğunda bir ip parçası

Çivi

Çekiç

ÇİVİ VE ÇEKİÇ yardımıyla her iki konserve kutusunun tabanında, ortaya gelecek şekilde, bir delik açın. İpin uçlarını dışarıdan içeriye doğru deliklerden geçirin. İpin deliklerden geri çıkmaması için uçlarına düğüm atın.

Telefonunuz kullanıma hazır. Telefonunuzu alıp evin salonuna gidin veya bahçeye çıkın. Kutunun birini siz diğerini çocuğunuz alsın. İp gergin hale gelinceye kadar birbirinizden uzaklaşın. Çocuğunuz elindeki teneke kutuyu kulağına tutarken siz de sizinkini ağzınıza tutun ve konuşmaya başlayın. Çocuğunuz sesinizi duyup heyecanlanacaktır. Sonra o konuşsun siz dinleyin.

Balon voleybolu

Gerekli olanlar:

İki sandalye

Balon

İp

İSTEDİĞİNİZ ZAMAN evin salonunu bir voleybol sahasına çevirebilirsiniz. Sehpaları koltuk üzerlerine koyarak salonun ortasını boşaltın. İki sandalyeyi arkaları birbirine bakacak şekilde iki metre aralıkla karşı karşıya koyun ve aralarına bir ip bağlayın. Balonu şişirip ağzını bağlayın. Voleybol sahanız, ağınız ve topunuz hazır. Ne duruyorsunuz? Oynamaya başlayın.

Kuru yapraklardan kuş yapalım

Gerekli Olanlar:
Kağıt
Kurşun kalem
Yapıştırıcı
Değişik boy ve renkte kuru yapraklar

BU ETKİNLİĞİ kuru yaprak bulma kolaylığından dolayı, sonbaharda yapmanız daha kolay olacaktır. Çocuğunuza çizgisiz bir kağıt ve kurşun kalem verin. Bir kuş resmi çizmesini söyleyin. Eğer bunu beceremezse, eski dergilerden veya ansiklopediden bir kuş resmi bulun, bunu kağıda kopyalasın. Topladığınız kuru yaprakları (altlarına yapıştırıcı sürerek) kuş resminin üzerine yapıştırsın.

Kuru yaprakları farklı renklerde toplarsanız kuş resminiz daha gerçekçi olacaktır. Örneğin, kafasına kırmızı, boynuna sarı, gövdesine yeşil, kanatlarına turuncu yaprakları yapıştırabilirsiniz. Tüylü bir görüntü elde etmek için yaprakları kısmen birbiri üzerine gelecek şekilde yapıştırmalısınız.

Arkadaşınızın aynası olun

Gerekli Olanlar:

Siz

Çocuğunuz ve arkadaşları

BU OYUN en az iki çocukla oynanabilir. Oyunda arkadaş sayısı üçü geçince yarışma şeklinde düzenleyebilirsiniz. Kura ile bir çocuk ebe seçilir. Ebe gruptan bir çocuk seçer, karşısına alır. "Benim yaptığım hareketi aynen taklit edeceksin, tamam mı?" der. Seçtiği çocuk "Tamam" der ve oyun başlar. Ebe vücudunu kullanarak (el çırpma, göz kırpma, başını sağa sola çevirme, kol kaldırma, oturma, çömelme, kalkma, vb.) bir hareket yapar. Karşısındaki çocuk da gecikmeden, aynı hızda ebenin hareketini taklit eder. Geciktiğinde veya şaşırdığında oyun dışı kalır. Ebe başka bir çocuk seçer ve böylece oyun devam eder.

Siz bu yarışmada hakem olacaksınız. Her oyuncu için süre tutacaksınız. En uzun süre taklit yapma becerisi gösteren çocuk birinci olur ve oyunu kazanmış sayılır.

Kumla kabartma resim

Gerekli Olanlar:

İnce deniz kumu

Beyaz marangoz tutkalı

Çizgisiz resim kağıdı

Yumuşak uçlu kurşun kalem

Suluboya

Suluboya fırçası

ÇOCUĞUNUZ yumuşak uçlu bir kurşun kalemle resim kağıdına dilediği bir şeyin (araba, ev, kuş, vb.) resmini çizsin. Suluboya fırçası ile resmin üzerine ince bir tabaka oluşturacak şekilde tutkal sürün. Suluboya fırçasını yıkayıp temizleyin. Tutkalın üzerine, tutkalı örtecek kadar, kum serpin. Tutkal kuruyup kumları tutacak hale gelince, çocuğunuz fırça kullanarak resmi sulu boya ile dilediği şekilde boyasın.

Rüzgar gülü

Gerekli Olanlar:

Renkli karton kağıt

Makas

Pastel veya keçeli boya kalemleri

Toplu iğne

Tepesi silgili kurşun kalem

RENKLİ KARTONDAN 15x15 cm ebatlarında kare şeklinde bir parça kesin. Çocuğunuz bu parçanın üzerini pastel ve keçeli boya kalemleriyle dilediği gibi süslesin.

Süsleme işi bittikten sonra kağıdı, köşeleri üst üste gelecek şekilde, dörde katlayın. Kağıdı açın. Köşelerden içeriye doğru katlama izi çıktığını göreceksiniz. Köşelerden iz üzerinden içeriye doğru 3 cm kalıncaya kadar kesin. Sonra köşelerden tutarak ortaya doğru, üst üste gelecek şekilde, kıvırın. Üst üste gelmiş olan köşelerin ortasından bir toplu iğne geçirin. Toplu iğneyi kurşun kalemin silgisine (rüzgar gülünün dönüşüne engel olmayacak bir mesafe kalıncaya kadar) geçirin. Rüzgar gülünüz hazır. Çocuğunuz kalemden tutarak koştursun. Çocuğunuz, rüzgar gülünün döndüğünü görüp yaptığı işten zevk alacaktır.

Bu parmak izi kimin?

Gerekli Olanlar:

Kağıt
Bant
Mısır nişastası
Büyüteç
Kurşun kalem

BU OYUNA başlamadan önce her insanın kendine özel parmak izi olduğunu, hiçbir insanın parmak izinin başka bir insana benzemediğini, ikizlerin bile parmak izlerinin farklı olduğunu, bunun Allah'ın varlığına bir işaret olduğunu anlatın.

Kurşun kalem ucunu bıçakla bir kağıdın köşesine kazıyarak bir miktar kalem ucu tozu elde edin. Aile üyeleri sıra ile kalem tozuna parmağını batırdıktan sonra kağıdın alt tarafına iyice bastırıp parmak izini çıkarsın. Parmak izleri çıktıktan sonra silinmemesi için üzerini bantla kapatın. Böylece ailenin parmak izi arşivi ortaya çıkmış olacak.

Çocuğunuz parmağını sert bir yüzeye değdirip çeksin. Parmak izinin bulunduğu yere yumuşak bir resim fırçası ile mısır nişastası sürün. Sürdüğünüz nişasta tozunu üflediğiniz zaman altından parmak izi görünecektir. Daha iyi görmek için bir büyüteç kullanabilirsiniz. Çocuğunuz büyüteçle baktığı parmak izini daha önce alınan parmak izleri ile karşılaştırarak kendi parmak izini bulsun.

Uçan köpük balonları

Gerekli Olanlar:

Sıvı el sabunu veya bulaşık deterjanı

Madeni ataç teli

Plastik piknik bardağı

Su

BARDAĞIN içine altı çorba kaşığı su, iki çorba kaşığı sıvı sabun koyarak karıştırın. Ataç telini iyice açarak düzleyin. Bir ucunu kıvırarak 2 cm çapında bir daire oluşturduktan sonra çocuğunuza verin. Düz ucundan, yani sapından, tutarak daire kısmını bardağın içindeki sabunlu suya batırsın. Çıkarıp dairenin içine üflesin. Köpük balonlarının havada uçuştuğunu görüp sevinecek, belki de onları yakalamaya çalışacaktır.

Yarış teknesi

Gerekli Olanlar:

Balon

Karton

Bir litrelik ağzı kapaklı boş meyve suyu veya süt kutusu

Paket lastiği

Çamaşır mandalı

Banyo küveti veya çamaşır leğeni

BOŞ süt kutusunun iki geniş yüzünden birini kenar çizgisinden çepeçevre keserek çıkarın. Kutunun üzerinde kalan diğer geniş yüzün ortasından balonun ağzı zor girecek kadar bir delik açın. Kutunun içine balonu yerleştirip ağzını bu delikten geçirip dışarı çıkarın. Motor görevi yapacak olan balonu şişirip çamaşır mandalı ile ağzını kapattıktan sonra iki veya üç paket lastiği ile kutuya yani teknenin gövdesine tutturun. Tekneniz yarışa hazır.

Banyo küvetine veya çamaşır leğenine teknenin yüzebileceği kadar su koyun. Çocuğunuz yarış teknesini kendi eliyle suya indirsin. Mandalı açıp balonun ağzını serbest bıraksın. Balonun ağzından çıkan havanın gücüyle tekne suyun üzerinde hızla hareket edecektir. İkinci bir tekne daha hazırlayarak çocuğunuzla tekne yarışı yapabilirsiniz.

Terazi yapalım

Gerekli Olanlar:

Tel elbise askısı

İplik

Yorgan iğnesi

Kalın karton

Kurşun kalem

KALIN KARTONDAN terazi kefeleri için 10x10 cm ebatlarında iki kare levha kesin. Kare levhaların köşelerinden iğneyle birer delik açın. Deliklerden 20 cm uzunluğunda birer ip geçirip uçlarını bağlayın. Dört adet ipin uzunlukları eşit kalacak şekilde levhaları (kefeleri) tel askının uçlarına bağlayın. Teraziniz tartı yapmaya hazır. Hassas tartı yapmak için askının çengelini elle değil, bir kalemle tutmalısınız.

Çocuğunuza terazinin ne işe yaradığını anlattıktan sonra hafif ve küçük (şeker, leblebi, boncuk, vb.) nesneleri ölçmesine izin verin. Hangi nesnenin hafif, hangisinin ağır geldiğini sorun. Ağır nesnelerin aşağıda, hafif nesnelerin yukarıda kaldığını kendisine buldurun.

Atasözlü balık avı

Gerekli Olanlar:

İp

Paket lastiği

Küçük bir mıknatıs parçası

Büyük tel ataçlar

Karton

50 cm uzunluğunda tahta çıta

SALONDA, kanepenin arkasında balık avlamaya ne dersiniz? Ansiklopediden veya internetten çeşitli balık resimleri bulun. Bunları gerekirse fotokopide çoğaltın. Ne kadar çok balığınız olursa, oyun o kadar zevkli olacaktır. Balık resimlerini karton kağıdına yapıştırdıktan sonra makasla kesip çıkarın. Arkalarına çocuğunuzun hoşuna gidecek ve ona ders verecek atasözleri yazın. Atasözlü balıklara birer tel ataç tutturun.

Balıklarınız hazır olduğuna göre sıra olta yapmaya geldi. Tahta çıtanın ucuna yarım metre uzunluğunda bir ip bağlayın. İpin diğer ucuna mıknatısı bağlayın. Bu hazırlıklar sırasında mümkün oldukça kolay işleri çocuğunuza yaptırın.

Oltanız da hazır olduğuna göre çocuğunuz balık avına başlayabilir. Ataç tutturulmuş, atasözlü balıkları kanepenin arkasında yere serpiştirin. Çocuğunuz kanepeye otursun. Arkaya sarkmadan oltasını aşağıya sarkıtsın. Mıknatıslı uç kendisine en yakın balığı yakalayacaktır. Tabi bazen yakalayamadığı da olacak, adı üzerinde "balık avı" bu. Yakaladığı balığı yukarıya çeksin. Siz de arkasındaki atasözünü ona okuyun ve anlamını açıklayın.

Bahçede bovling

Gerekli Olanlar:

8-10 adet boş 250 mililitrelik (küçük) plastik su şişesi

Plastik voleybol veya basketbol topu

Tebeşir

BAHÇEDE düz bir alanda, boş su şişelerini birbirine temas edecek şekilde yan yana dizin. Şişelerin karşısında, 5-6 metre uzağa, tebeşirle bir çizgi çizin. Çocuğunuz ve siz çizginin gerisinde durup, sırayla, çizgiyi geçmemek şartıyla elinizdeki topu şişelere atın. Her atışta devirdiğiniz şişe sayısınca puan almış olacaksınız. Puanlarınızı bir kağıda isimlerinizin altına not edin. Belli sayıdaki atıştan (mesela 10 atıştan) sonra puanlarınızı (devirdiğiniz şişe sayısını) toplayın. Kim çok şişe devirmiş ise oyunu o kazanmış sayılır.

Çocuğunuz bu oyunu arkadaşlarıyla da oynayabilir. Siz de puanları yazar ve hakemlik yaparsınız.

Yapraktan düdük

Gerekli Olanlar:

İnce ve esnek ot yaprağı

Baş parmaklarınız

KIRA gezmek veya piknik yapmak için çıktığınızda çocuğunuza yapraktan nasıl düdük yapıldığını ve nasıl öttürüldüğünü gösterebilir, birlikte öttürerek bir mızıka ekibi oluşturabilirsiniz. İnce ve esnek bir ot yaprağı bulun. Yaprağı iki baş parmağınızın dış kısımları arasına sıkıştırın. Yaprağı sıkıştırırken parmaklarınızı birbiri üzerine tamamen kapatmayın. İki parmağın boğumları arasından hava çıkabilecek kadar hafif bir boşluk bırakın. Hafifçe üflemeye başlayın. Ses çıkıncaya kadar üfleme devam edin. Ses çıkmaya başlayınca, deneyim kazanacak, sesin tonunu ve hızını kendiniz ayarlayabileceksiniz.

Eğlenceli bir deney

Gerekli Olanlar:

3-5 kg.lık boş yoğurt kabı
Bir çay kaşığı karabiber
Küçük boy el sabunu
Bir çorba kaşığı toz şeker

BU AKTİVİTENİN tamamını çocuğunuza yaptırmanızı tavsiye ediyoruz. Yaptığı aktiviteden sonuç alınca cesareti artacak, kimya ilmine ilgi duyacaktır. Çocuğunuz yoğurt kabını suyla doldursun. Suya bir çay kaşığı karabiber serpsin. Biber tozlarının suya karışmasını beklesin. Sonra el sabununu suya atsın. Biber taneciklerinin sabundan kaçtığını görünce çok heyecanlanacak. Bir kaşık toz şekeri suya serpsin. Sabundan uzaklaşan biber tanecikleri bu kez sabuna doğru hareket edecek; çocuğunuz çok şaşıracak, size bunun sebebini soracaktır. Sebebini açıklamak ta size düşüyor.

Piramit devirme oyunu

Gerekli Olanlar:

10 adet plastik veya kağıt bardak

Tenis topu

BU OYUN hem açık havada hem evde oynanabildiği için, çocuğunuz canı sıkıldığında sizinle veya arkadaşlarıyla oynayabilir. Kağıt bardakları evin salonunda veya bahçede piramit şeklinde üst üste (4+3+2+1) dizin. Evde iseniz piramitten 4-5 metre uzağa, bahçede iseniz 8-10 metre uzağa bir ip gerin veya çizgi çizin. Oyuncular sırayla, çizgiyi geçmemek şartıyla, bardakların tamamını devirme amacıyla, tenis topunu piramidin ortasına doğru atar.

Bir kağıda oyuncuların adı yazılır. Yarış için atış sayısı belirlenir. Her oyuncuya 10 defa atış yapma hakkı verildiğini varsayalım. Sırası gelen oyuncu tenis topunu piramide doğru atar. Devirdiği bardak sayısı isminin altına yazılır. Her oyuncu 10 atış hakkını kullandıktan sonra, oyuncuların devirdiği bardak adedi hesaplanır. En fazla bardak deviren birinci seçilir ve ödüllendirilir.

Bu canlı nerede yaşar?

Gerekli Olanlar:

Ansiklopedi

İnternet

Karton kağıt

Makas

Yapıştırıcı

BU OYUNA başlamadan önce çocuğunuza insanların sıcaktan, soğuktan, tehlikelerden korunmak ve geceleri uyumak için evler yapıp buralarda yaşadıklarını anlattıktan sonra her canlının bir evi olduğunu, ancak bu evlere başka isimler verildiğini, şimdi bu evlerin ve bu evlerde yaşayan canlıların isimlerini bulmak için bir oyun oynayacağınızı söyleyin.

Ansiklopediden fotokopi yaparak veya internetten bulup çıktısını alarak aşağıdaki canlıların ve yaşadıkları barınakların resimlerini elde edin.

İnsan...............Ev

Köpek..............Köpek kulübesi

Kedi..............Evlerde minder üstü

Tavuk, hindi, kaz, ördek ....Kümes

Koyun ve keçi..............Ağıl

At, eşek, katır, inek, öküz..............Ahır

Arı..............Kovan

Balık..............Deniz, göl, dere, akvaryum

Kuş..............Yuva veya kafes

Aslan, ayı..............Mağara

Tilki, tavşan..............Kırlarda yer altında oyuklarda

Karınca, solucan, köstebek..............Toprak altında

Yukarıda adı geçen ve sizlerin de listeye ilave edeceğiniz canlıların resimlerini ve yuvalarını ayrı ayrı kesip kare şeklinde hazırladığınız karton parçalarının üzerine yapıştırın.

Oyuna başlamadan önce çocuğunuza canlıların isimlerini ve yaşadıkları yerleri resimlerde gösterin. Doğada yaşayan bazı canlıların evlerde ve hayvanat bahçelerinde yaşadığını anlatın.

Canlı resimlerini ve yuva resimlerini ayrı gruplar halinde ters çevirip masanın üzerine koyun. Çocuğunuz canlı grubundan bir resmi çevirip baksın. Sonra yuva grubundaki resimlerin içinden bu canlıya uygun yuvayı bulup size göstersin. Bu şekilde canlı ile yuvayı eşleştirmeye devam etsin. Şaşırdığı yerde küçük ipuçları verebilirsiniz.

zafer YAYINLARI | İLKGENÇLİK YAYINLARI

www.zafer.com - zafer@zafer.com

twitter.com/zaferyayinlari - facebook.com/zaferyayinlari